年度　週時程表

		月	火	水	木	金	土
：　～ ：							
：　～ ：							
：　～ ：	1						
：　～　：							
：　～ ：	2						
：　～ ：							
：　～ ：	3						
：　～　：							
：　～ ：	4						
：　～ ：							
：　～ ：							
：　～ ：	5						
：　～ ：							
：　～ ：							
：　～ ：							

【ペタペタボードの使い方】

巻頭のちょっと厚めの色紙ページ
（ペタペタボード）に年間を通じて
参照する一覧表（各学校連絡先、
職員名簿、電話短縮番号表など）
を貼っておくと、いつでもサッと
見ることができます。

School Planning Note 2024

2024 令和6年度

4 April
日	月	火	水	木	金	土
	1	2	3	4	5	6
7	8	9	10	11	12	13
14	15	16	17	18	19	20
21	22	23	24	25	26	27
28	29	30				

5 May
日	月	火	水	木	金	土
			1	2	3	4
5	6	7	8	9	10	11
12	13	14	15	16	17	18
19	20	21	22	23	24	25
26	27	28	29	30	31	

6 June
日	月	火	水	木	金	土
						1
2	3	4	5	6	7	8
9	10	11	12	13	14	15
16	17	18	19	20	21	22
23	24	25	26	27	28	29
30						

7 July
日	月	火	水	木	金	土
	1	2	3	4	5	6
7	8	9	10	11	12	13
14	15	16	17	18	19	20
21	22	23	24	25	26	27
28	29	30	31			

8 August
日	月	火	水	木	金	土
				1	2	3
4	5	6	7	8	9	10
11	12	13	14	15	16	17
18	19	20	21	22	23	24
25	26	27	28	29	30	31

9 September
日	月	火	水	木	金	土
1	2	3	4	5	6	7
8	9	10	11	12	13	14
15	16	17	18	19	20	21
22	23	24	25	26	27	28
29	30					

10 October
日	月	火	水	木	金	土
		1	2	3	4	5
6	7	8	9	10	11	12
13	14	15	16	17	18	19
20	21	22	23	24	25	26
27	28	29	30	31		

11 November
日	月	火	水	木	金	土
					1	2
3	4	5	6	7	8	9
10	11	12	13	14	15	16
17	18	19	20	21	22	23
24	25	26	27	28	29	30

12 December
日	月	火	水	木	金	土
1	2	3	4	5	6	7
8	9	10	11	12	13	14
15	16	17	18	19	20	21
22	23	24	25	26	27	28
29	30	31				

1 January
日	月	火	水	木	金	土
			1	2	3	4
5	6	7	8	9	10	11
12	13	14	15	16	17	18
19	20	21	22	23	24	25
26	27	28	29	30	31	

2 February
日	月	火	水	木	金	土
						1
2	3	4	5	6	7	8
9	10	11	12	13	14	15
16	17	18	19	20	21	22
23	24	25	26	27	28	

3 March
日	月	火	水	木	金	土
						1
2	3	4	5	6	7	8
9	10	11	12	13	14	15
16	17	18	19	20	21	22
23	24	25	26	27	28	29
30	31					

4 April

日	月	火	水	木	金	土
		1	2	3	4	5
6	7	8	9	10	11	12
13	14	15	16	17	18	19
20	21	22	23	24	25	26
27	28	29	30			

5 May

日	月	火	水	木	金	土
				1	2	3
4	5	6	7	8	9	10
11	12	13	14	15	16	17
18	19	20	21	22	23	24
25	26	27	28	29	30	31

6 June

日	月	火	水	木	金	土
1	2	3	4	5	6	7
8	9	10	11	12	13	14
15	16	17	18	19	20	21
22	23	24	25	26	27	28
29	30					

7 July

日	月	火	水	木	金	土
		1	2	3	4	5
6	7	8	9	10	11	12
13	14	15	16	17	18	19
20	21	22	23	24	25	26
27	28	29	30	31		

8 August

日	月	火	水	木	金	土
					1	2
3	4	5	6	7	8	9
10	11	12	13	14	15	16
17	18	19	20	21	22	23
24	25	26	27	28	29	30
31						

9 September

日	月	火	水	木	金	土
	1	2	3	4	5	6
7	8	9	10	11	12	13
14	15	16	17	18	19	20
21	22	23	24	25	26	27
28	29	30				

10 October

日	月	火	水	木	金	土
			1	2	3	4
5	6	7	8	9	10	11
12	13	14	15	16	17	18
19	20	21	22	23	24	25
26	27	28	29	30	31	

11 November

日	月	火	水	木	金	土
						1
2	3	4	5	6	7	8
9	10	11	12	13	14	15
16	17	18	19	20	21	22
23	24	25	26	27	28	29
30						

12 December

日	月	火	水	木	金	土
	1	2	3	4	5	6
7	8	9	10	11	12	13
14	15	16	17	18	19	20
21	22	23	24	25	26	27
28	29	30	31			

1 January

日	月	火	水	木	金	土
				1	2	3
4	5	6	7	8	9	10
11	12	13	14	15	16	17
18	19	20	21	22	23	24
25	26	27	28	29	30	31

2 February

日	月	火	水	木	金	土
1	2	3	4	5	6	7
8	9	10	11	12	13	14
15	16	17	18	19	20	21
22	23	24	25	26	27	28

3 March

日	月	火	水	木	金	土
1	2	3	4	5	6	7
8	9	10	11	12	13	14
15	16	17	18	19	20	21
22	23	24	25	26	27	28
29	30	31				

_____

そ の た め に は …

☐ ....

☐ ....

☐ ....

【ワークライフ・マネジメント】

「仕事の充実」と「プライベートの充実」をマネジメントする考え方。
平日の時間の使い方を記入し、定期的に見返しましょう。
＜記入の順番＞
①睡眠時間／②夕食の時間／③帰宅時刻／④退勤時刻／⑤出勤時刻／⑥朝、家を出る時刻／⑦朝食の時間／⑧起床時刻
⑨グラフが書けたら、同僚や教員と共有（通勤時間や育児・介護の有無なども、お互いに知っておくと安心です）

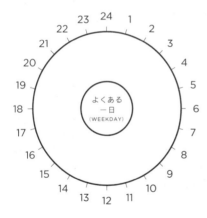
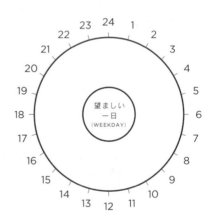

時間ができたらしたいこと・やってみたいこと

☐ ....   ☐ ....

☐ ....   ☐ ....

☐ ....   ☐ ....

☐ ....   ☐ ....

☐ ....   ☐ ....

Prologue

はじめに

これは、事務職員のためのノートです。

学校の諸活動がスムーズに機能するために

学びの環境を整えたり

教職員をサポートしたり

学校教育に大きく貢献している

そんなあなたのためのノートです。

【計画＋記録】で業務の効率化を図り

本来あなたが力を注ぎたい仕事に

まっすぐ向き合えますように。

学校事務をつかさどる
事務職員のためのスケジュール管理＆記録ノート

「スクール プランニング ノート」®の使い方

「スクールプランニングノート」は、学校でのスケジュール管理が1冊でできる「秘書」のようなノートです。
学校や勤務の状況に合わせて、書いたり貼ったり自由にお使いください。

月間カレンダー（MONTHLY CALENDAR）

自由に使えるマンスリーカレンダー

週のカウントに便利な日曜日始まりのシンプルなカレンダー。上下2段に分かれているので、午前／午後で
分けても、仕事／プライベートで分けても。左のスペースには各週の目標やToDoなどを記入できます。

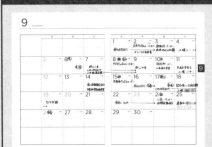

改良 今月の実務を追加！

<使用例>

こんな使い方もできます！

共同実施のカレンダーとして

上の段は仕事やプライベートのスケジュール、
下の段は市内の学校行事や市教委・校長会
などの会議予定を記入しています。

来年度まで見通せる年間ページ

年間計画表は、前年度3月から翌年度6月までの16ヵ月分を用意しました。

長期にわたる業務や定期業務を管理するのに適しています。

また、学校で配られる年間予定表を、このページまたは「ペタペタボード(巻頭の色紙)」に貼っておくと便利です。

ANNUAL PLAN

会計、給与、施設管理…など「複数の仕事の進行予定」を見える化

月間計画表は、ビジネス界でよく使われているプロジェクト式を採用。

複数の仕事の進行を管理するとともに行事などに向けた見通しが立てられるようになります。

★学事出版のホームページからこのフォームをダウンロードできます（項目を自由に設定できます）。

①主な行事欄
学校で配られる予定表を貼ると便利です

②仕事の区分
会議／予算／給与／福利厚生などの仕事をタテに並行して管理
改良 共同実施を追加！

改良 月間・週間計画表の右上に点線を追加！

右の2列はフリーに項目を入れられます

③主な予定
それぞれの区分でメインとなる行事や締切などを記入

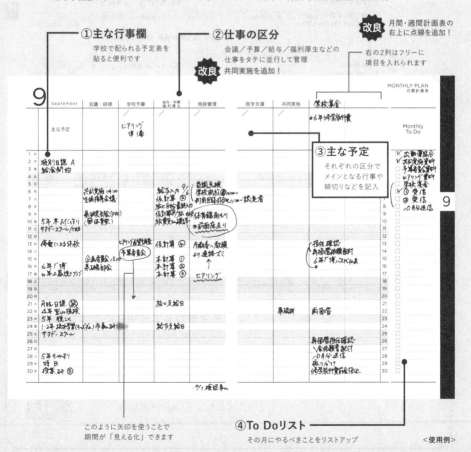

このように矢印を使うことで期間が「見える化」できます

④To Doリスト
その月にやるべきことをリストアップ

＜使用例＞

週間計画表（WEEKLY PLAN）

見開き1週間の「予定・タスク」と、「フリーメモ」が合体

週間計画表は、たっぷり記入できるレフト式。左のページでその日の「予定」と午前・午後の「タスク」を
一元化。右ページは、「電話メモ」や「来客とのやりとり」、「業務の記録」などが書けるフリーメモ。

① 今週の目標
学校または個人の目標
を書くスペース

② To Doリスト
その日にやるべきことを
午前と午後に分けてリストアップ

③ 知恵袋コラム
全国から集められた事務職員
の一口コラムで元気充電！

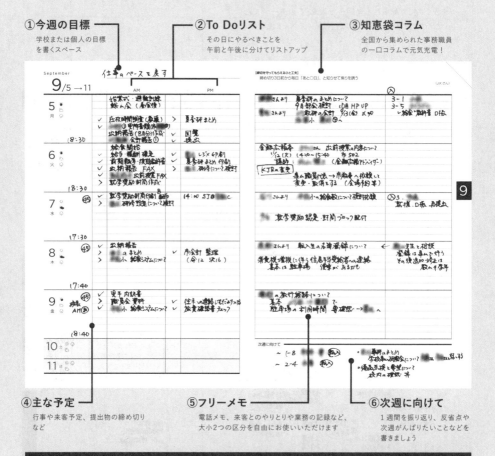

④ 主な予定
行事や来客予定、提出物の締め切り
など

⑤ フリーメモ
電話メモ、来客とのやりとりや業務の記録など、
大小2つの区分を自由にお使いいただけます

⑥ 次週に向けて
1週間を振り返り、反省点や
次週がんばりたいことなどを
書きましょう

購入物品＆教材振り返りメモ

効果を検証して来年に活かそう！

入学式や運動会などの行事用品や新しく導入した教材
など、購入した物品の評価をメモしておくことで、次年
度購入する際に活かすことができます。

★学事出版のホームページから
　このフォームおよび記入例を
　ダウンロードできます。

別冊・記録ノート…会議や研修などの記録はおまかせ！

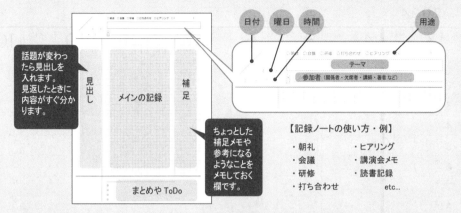

話題が変わったら見出しを入れます。見返したときに内容がすぐ分かります。

見出し

メインの記録

補足

ちょっとした補足メモや参考になるようなことをメモしておく欄です。

まとめや ToDo

日付　曜日　時間　　　　　　用途

テーマ

参加者（関係者・欠席者・講師・著者 など）

【記録ノートの使い方・例】
・朝礼　　　・ヒアリング
・会議　　　・講演会メモ
・研修　　　・読書記録
・打ち合わせ　　　etc...

※「別冊・記録ノート」は別売りでもお求めいただけます。（3冊セット　定価1,100円）

個人情報の取り扱いについて

① このノートの位置づけ

・このノートは、職務上必要な個人情報を含む「教育指導記録簿」にあたるものです。
・記入にあたっては、「利用目的」を明確にし、収集から利用まで計画的に行う必要があります。
・個人情報の保護に関する法律又は、各地方公共団体が定める個人情報保護に関する法律施行条例により、開示請求の対象になる場合があります。

② 使用上の注意

・ノートの使用にあたっては各教育委員会または学校で定められた文書（情報）取扱規程に従い適切に管理してください。
・保管しておく場所を決めておき、机の上などに置きっぱなしにしないようにしましょう。
・学籍や就学支援事務など特に取り扱いに注意を要する個人情報を記入するときは、他人に一目で分からないよう暗号化するなどの工夫をしましょう。
・「利用目的」の達成に必要な範囲を超えて個人情報を保有しないようにしましょう。

③ 使用済みのノートについて

・ノートを見返す必要がなくなったときは、速やかな廃棄を心がけましょう。
・廃棄する際は、シュレッダーを利用するなど適切な方法を用いてください。

④ 紛失・盗難にあった場合

・ノート自体は事務職員の個人所有物であっても、児童生徒等の個人情報は学校が所有しているものです。
・これらの個人情報を含む場合、盗難等による損失についても学校が責任を負う可能性が高いと考えられます。
・万が一、紛失または盗難にあった場合は速やかに管理職に報告し、警察に届ける必要があります。

★「教育情報セキュリティポリシーに関するガイドライン」に従って、それぞれの学校においてセキュリティポリシーを策定しましょう。
★個人情報の「保護」と「適正利用」のバランスに留意してノートをご活用ください。

ANNUAL PLAN 令和6年度（2024年ー2025年）

2024

	3 MAR.	4 APR.	5 MAY	6 JUN.	7 JUL.	8 AUG.	9 SEP.	10 OCT
1	金	月	水	土	月	木	日	火
2	土	火	木	日	火	金	月	水
3	日	水	金○	月	水	土	火	木
4	月	木	土○	火	木	日	水	金
5	火	金	日○	水	金	月	木	土
6	水	土	月	木	土	火	金	日
7	木	日	火	金	日	水	土	月
8	金	月	水	土	月	木	日	火
9	土	火	木	日	火	金	月	水
10	日	水	金	月	水	土	火	木
11	月	木	土	火	木	日○	水	金
12	火	金	日	水	金	月	木	土
13	水	土	月	木	土	火	金	日
14	木	日	火	金	日	水	土	月○
15	金	月	水	土	月○	木	日	火
16	土	火	木	日	火	金	月○	水
17	日	水	金	月	水	土	火	木
18	月	木	土	火	木	日	水	金
19	火	金	日	水	金	月	木	土
20	水○	土	月	木	土	火	金	日
21	木	日	火	金	日	水	土	月
22	金	月	水	土	月	木	日○	火
23	土	火	木	日	火	金	月	水
24	日	水	金	月	水	土	火	木
25	月	木	土	火	木	日	水	金
26	火	金	日	水	金	月	木	土
27	水	土	月	木	土	火	金	日
28	木	日	火	金	日	水	土	月
29	金	月○	水	土	月	木	日	火
30	土	火	木	日	火	金	月	水
31	日		金		水	土		木

○国民の祝日（2024年）　昭和の日…4月29日　憲法記念日…5月3日　みどりの日…5月4日　こどもの日…5月5日　海の日…7月15日　山の日…8月11日　敬老の日…9月16日　秋分の日…9月22日

2025

11 NOV.	12 DEC.	1 JAN.	2 FEB.	3 MAR.	4 APR.	5 MAY	6 JUN.	
	日	水 ○	土	土	火	木	日	1
	月	木	日	日	水	金	月	2
	火	金	月	月	木	土 ○	火	3
	水	土	火	火	金	日 ○	水	4
	木	日	水	水	土	月 ○	木	5
	金	月	木	木	日	火	金	6
	土	火	金	金	月	水	土	7
	日	水	土	土	火	木	日	8
	月	木	日	日	水	金	月	9
	火	金	月	月	木	土	火	10
	水	土	火 ○	火	金	日	水	11
	木	日	水	水	土	月	木	12
	金	月 ○	木	木	日	火	金	13
	土	火	金	金	月	水	土	14
	日	水	土	土	火	木	日	15
	月	木	日	日	水	金	月	16
	火	金	月	月	木	土	火	17
	水	土	火	火	金	日	水	18
	木	日	水	水	土	月	木	19
	金	月	木	木 ○	日	火	金	20
	土	火	金	金	月	水	土	21
	日	水	土	土	火	木	日	22
	月	木	日 ○	日	水	金	月	23
	火	金	月	月	木	土	火	24
	水	土	火	火	金	日	水	25
	木	日	水	水	土	月	木	26
	金	月	木	木	日	火	金	27
	土	火	金	金	月	水	土	28
	日	水		土	火 ○	木	日	29
	月	木		日	水	金	月	30
	火	金		月		土		31

3

	日	月	火
	3 　大安	4 　赤口	5 　先勝
	10 　友引	11 　先負	12 　仏滅
	17 　先負	18 　仏滅	19 　大安
	24 　仏滅	25 　大安	26 　赤口
	31 　大安		

【人事服務】 年度末人事異動処理、異動書類／新年度臨時、非常勤職員任用／服務諸帳簿整理、新年度分作成 休業中の職員勤務動態	**【学　　務】** 教科書新年度前期用、後期転学用
【給与旅費】 人事異動処理	**【そ の 他】** 諸会計整理、決算、監査、報告／新入生人数、教室備品、机イス等確認／校内分掌引継指導／PCシステム年度末移行／指導要録等年度末書類確認／文書廃棄／寄付採納処理

水	木	金	土
		1 先負	2 仏滅
6 友引	7 先負	8 仏滅	9 大安
13 大安	14 赤口 ホワイトデー	15 先勝	16 友引
20 赤口 春分の日	21 先勝	22 友引	23 先負
27 先勝	28 友引	29 先負	30 仏滅

3

4

令和6年

April

	日	月	火
		1 赤口	2 先勝
	7 赤口	8 先勝	9 先負
	14 友引	15 先負	16 仏滅
	21 先負	22 仏滅	23 大安
	28 仏滅	29 大安 昭和の日	30 赤口

【人事服務】	年度初め人事異動／職員名簿／マイナンバー諸帳簿作成
【給与旅費】	採用異動者諸手当／旅費年間計画
【福利厚生】	共済転入新規／各種検診申込／社会保険

【学　　務】	前期用教科書受領、教科書名簿児童生徒名簿、児童生徒情報
【財　　務】	年間執行計画、備品購入計画／前年度予算整理予算委員会
【その他】	年度初め各種届、各種年次更新／新学期準備、物品調達学校徴収金計画／事務部経営案、事務部全体計画

4

水	木	金	土
3 友引	4 先負	5 仏滅	6 大安
10 仏滅	11 大安	12 赤口	13 先勝
17 大安	18 赤口	19 先勝	20 友引
24 赤口	25 先勝	26 友引	27 先負

5

2024
令和6年

May

	日	月	火
	5 大安 こどもの日	6 赤口 振替休日	7 先勝
	12 友引 母の日	13 先負	14 仏滅
	19 先負	20 仏滅	21 大安
	26 仏滅	27 大安	28 赤口

5

水	木	金	土
1 　　先勝	2 　　友引	3 　　先負 憲法記念日	4 　　仏滅 みどりの日
8 　　仏滅	9 　　大安	10 　　赤口	11 　　先勝
15 　　大安	16 　　赤口	17 　　先勝	18 　　友引
22 　　赤口	23 　　先勝	24 　　友引	25 　　先負
29 　　先勝	30 　　友引	31 　　先負	

6

2024
令和6年

June

	日	月	火
	2 　大安	3 　赤口	4 　先勝
	9 　友引	10 　先負	11 　仏滅
	16 　先負 父の日	17 　仏滅	18 　大安
	23 　仏滅	24 　大安	25 　赤口
	30 　大安		

6

水	木	金	土
			1　　仏滅
5　　友引	6　　大安	7　　赤口	8　　先勝
12　　大安	13　　赤口	14　　先勝	15　　友引
19　　赤口	20　　先勝	21　　友引	22　　先負
26　　先勝	27　　友引	28　　先負	29　　仏滅

7

2024
令和6年
July

	日	月	火
		1 赤口	2 先勝
	7 先勝 七夕	8 友引	9 先負
	14 友引	15 先負 海の日	16 仏滅
	21 先負	22 仏滅	23 大安
	28 仏滅	29 大安	30 赤口

水	木	金	土
3　　友引	4　　先負	5　　仏滅	6　　赤口
10　　仏滅	11　　大安	12　　赤口	13　　先勝
17　　大安	18　　赤口	19　　先勝	20　　友引
24　　赤口	25　　先勝	26　　友引	27　　先負
31　　先勝			

7

8

	日	月	火
	4　　先勝	**5**　　友引	**6**　　先負
	11　　友引 山の日	12　　先負 振替休日	**13**　　仏滅
	18　　先負	**19**　　仏滅	**20**　　大安
	25　　仏滅	**26**　　大安	**27**　　赤口

【学　務】教科書後期用報告　　【財　務】補正予算要求／備品点検　　【その他】新学期準備／防災訓練準備

水	木	金	土
	1 友引	2 先負	3 仏滅
7 仏滅	8 大安	9 赤口	10 先勝
14 大安	15 赤口	16 先勝	17 友引
21 赤口	22 先勝	23 友引	24 先負
28 先勝	29 友引	30 先負	31 仏滅

8

9

	日	月	火
	1 　　大安	2 　　赤口	3 　　友引
	8 　　先勝	9 　　友引	10 　　先負
	15 　　友引	16 　　先負 敬老の日	17 　　仏滅
	22 　　先負 秋分の日	23 　　仏滅 振替休日	24 　　大安
	29 　　仏滅	30 　　大安	

水	木	金	土
4 先負	5 仏滅	6 大安	7 赤口
11 仏滅	12 大安	13 赤口	14 先勝
18 大安	19 赤口	20 先勝	21 友引
25 赤口	26 先勝	27 友引	28 先負

9

10

	日	月	火
			1 　　赤口
	6 　　赤口	7 　　先勝	8 　　友引
	13 　　先勝	14 　　友引 スポーツの日	15 　　先負
	20 　　友引	21 　　先負	22 　　仏滅
	27 　　先負	28 　　仏滅	29 　　大安

水	木	金	土
2　先勝	3　先負	4　仏滅	5　大安
9　先負	10　仏滅	11　大安	12　赤口
16　仏滅	17　大安	18　赤口	19　先勝
23　大安	24　赤口	25　先勝	26　友引
30　赤口	31　先勝　ハロウィン		

10

11

	日	月	火
	3　　赤口 文化の日	4　　先勝 振替休日	5　　友引
	10　　先勝	11　　友引	12　　先負
	17　　友引	18　　先負	19　　仏滅
	24　　先負	25　　仏滅	26　　大安

【給与旅費】 期末勤勉処理／年末調整　　【財　務】 補正予算要求　　【その他】 暖房器具確認、燃料管理

水	木	金	土
		1 仏滅	2 大安
6 先負	7 仏滅	8 大安	9 赤口
13 仏滅	14 大安	15 赤口 七五三	16 先勝
20 大安	21 赤口	22 先勝	23 友引 勤労感謝の日
27 赤口	28 先勝	29 友引	30 先負

11

12

2024
令和6年

December

	日	月	火
	1　大安	2　赤口	3　先勝
	8　赤口	9　先勝	10　友引
	15　先勝	16　友引	17　先負
	22　友引	23　先負	24　仏滅
	29　先負	30　仏滅	31　赤口 大晦日

水	木	金	土
4 　　友引	5 　　先負	6 　　仏滅	7 　　大安
11 　　先負	12 　　仏滅	13 　　大安	14 　　赤口
18 　　仏滅	19 　　大安	20 　　赤口	21 　　先勝
25 　　大安 クリスマス	26 　　赤口	27 　　先勝	28 　　友引

12

1

	日	月	火
	5 　　大安	**6** 　　赤口	**7** 　　先勝
	12 　　赤口	13 先勝 成人の日	**14** 　　友引
	19 　　先勝	**20** 　　友引	**21** 　　先負
	26 　　友引	**27** 　　先負	**28** 　　仏滅

水	木	金	土
1　　先勝 元日	2　　友引	3　　先負	4　　仏滅
8　　友引	9　　先負	10　　仏滅	11　　大安
15　　先負	16　　仏滅	17　　大安	18　　赤口
22　　仏滅	23　　大安	24　　赤口	25　　先勝
29　　先勝	30　　友引	31　　先負	

1

2

2025
令和7年

February

	日	月	火
	2　　大安	3　　赤口	4　　先勝
	9　　赤口	10　　先勝	11　　友引 建国記念の日
	16　　先勝	17　　友引	18　　先負
	23　　友引 天皇誕生日	24　　先負 振替休日	25　　仏滅

水	木	金	土
			1 仏滅
5 友引	6 先負	7 仏滅	8 大安
12 先負	13 仏滅	14 大安 バレンタインデー	15 赤口
19 仏滅	20 大安	21 赤口	22 先勝
26 大安	27 赤口	28 友引	

2

3

	日	月	火
	2 仏滅	3 大安	4 赤口
	9 大安	10 赤口	11 先勝
	16 赤口	17 先勝	18 友引
	23 先勝	24 友引	25 先負
	30 仏滅	31 大安	

【人事服務】　年度末人事異動処理、異動書類／新年度臨時、
　　　　　　　非常勤職員任用／服務諸帳簿整理、新年度分作成
　　　　　　　休業中の職員勤務動態

【給与旅費】　人事異動処理

【学　　務】　教科書新年度前期用、後期転学用

【その他】　諸会計整理、決算、監査、報告／新入生人数、教室備品、
　　　　　　　机イス等確認／校内分掌引継指導／ PC システム年度
　　　　　　　末移行／指導要録等年度末書類確認／文書廃棄／寄付
　　　　　　　採納処理

水	木	金	土
			1 先負
5 先勝	6 友引	7 先負	8 仏滅
12 友引	13 先負	14 仏滅 ホワイトデー	15 大安
19 先負	20 仏滅 春分の日	21 大安	22 赤口
26 仏滅	27 大安	28 赤口	29 先負

3

3

主な予定	会議・研修	学校予算	給与・旅費 福利厚生	施設管理
		/	/	/
1 金				
2 土				
3 日				
4 月				
5 火				
6 水				
7 木				
8 金				
9 土				
10 日				
11 月				
12 火				
13 水				
14 木 ホワイトデー				
15 金				
16 土				
17 日				
18 月				
19 火				
20 水 春分の日				
21 木				
22 金				
23 土				
24 日				
25 月				
26 火				
27 水				
28 木				
29 金				
30 土				
31 日				

就学支援	共同実施				Monthly To Do
／	／				
				1	☐
				2	☐
				3	☐
				4	☐
				5	☐
				6	☐
				7	☐
				8	☐
				9	☐
				10	☐
				11	☐
				12	☐
				13	☐
				14	☐
				15	☐
				16	☐
				17	☐
				18	☐
				19	☐
				20	☐
				21	☐
				22	☐
				23	☐
				24	☐
				25	☐
				26	☐
				27	☐
				28	☐
				29	☐
				30	☐
				31	☐

3

4

2024
令和6年

April

主な予定	会議・研修	学校予算 /	給与・旅費 福利厚生 /	施設管理 /
1 月				
2 火				
3 水				
4 木				
5 金				
6 土				
7 日				
8 月				
9 火				
10 水				
11 木				
12 金				
13 土				
14 日				
15 月				
16 火				
17 水				
18 木				
19 金				
20 土				
21 日				
22 月				
23 火				
24 水				
25 木				
26 金				
27 土				
28 日				
29 月 昭和の日				
30 火				

就学支援	共同実施				Monthly To Do
／	／				
				1	☐
				2	☐
				3	☐
				4	☐
				5	☐
				6	☐
				7	☐
				8	☐
				9	☐
				10	☐
				11	☐
				12	☐
				13	☐
				14	☐
				15	☐
				16	☐
				17	☐
				18	☐
				19	☐
				20	☐
				21	☐
				22	☐
				23	☐
				24	☐
				25	☐
				26	☐
				27	☐
				28	☐
				29	☐
				30	☐
					☐

5

2024
令和6年

May

主な予定	会議・研修	学校予算	給与・旅費 福利厚生	施設管理
		╱	╱	╱
1 水				
2 木				
3 金　憲法記念日				
4 土　みどりの日				
5 日　こどもの日				
6 月　振替休日				
7 火				
8 水				
9 木				
10 金				
11 土				
12 日　母の日				
13 月				
14 火				
15 水				
16 木				
17 金				
18 土				
19 日				
20 月				
21 火				
22 水				
23 木				
24 金				
25 土				
26 日				
27 月				
28 火				
29 水				
30 木				
31 金				

5

就学支援	共同実施				Monthly To Do
╱	╱			1	☐
				2	☐
				3	☐
				4	☐
				5	☐
				6	☐
				7	☐
				8	☐
				9	☐
				10	☐
				11	☐
				12	☐
				13	☐
				14	☐
				15	☐
				16	☐
				17	☐
				18	☐
				19	☐
				20	☐
				21	☐
				22	☐
				23	☐
				24	☐
				25	☐
				26	☐
				27	☐
				28	☐
				29	☐
				30	☐
				31	☐

6

2024
令和6年
June

	会議・研修	学校予算	給与・旅費 福 利 厚 生	施設管理
主な予定		/	/	/
1 土				
2 日				
3 月				
4 火				
5 水				
6 木				
7 金				
8 土				
9 日				
10 月				
11 火				
12 水				
13 木				
14 金				
15 土				
16 日 父の日				
17 月				
18 火				
19 水				
20 木				
21 金				
22 土				
23 日				
24 月				
25 火				
26 水				
27 木				
28 金				
29 土				
30 日				

就学支援	共同実施				Monthly To Do
/	/				
				1	☐
				2	☐
				3	☐
				4	☐
				5	☐
				6	☐
				7	☐
				8	☐
				9	☐
				10	☐
				11	☐
				12	☐
				13	☐
				14	☐
				15	☐
				16	☐
				17	☐
				18	☐
				19	☐
				20	☐
				21	☐
				22	☐
				23	☐
				24	☐
				25	☐
				26	☐
				27	☐
				28	☐
				29	☐
				30	☐
					☐

6

7

2024
令和6年

July

	主な予定	会議・研修	学校予算	給与・旅費 福利厚生	施設管理
			／	／	／
1 月					
2 火					
3 水					
4 木					
5 金					
6 土					
7 日	七夕				
8 月					
9 火					
10 水					
11 木					
12 金					
13 土					
14 日					
15 月	海の日				
16 火					
17 水					
18 木					
19 金					
20 土					
21 日					
22 月					
23 火					
24 水					
25 木					
26 金					
27 土					
28 日					
29 月					
30 火					
31 水					

就学支援	共同実施				Monthly To Do
/	/				
				1	☐
				2	☐
				3	☐
				4	☐
				5	☐
				6	☐
				7	☐
				8	☐
				9	☐
				10	☐
				11	☐
				12	☐
				13	☐
				14	☐
				15	☐
				16	☐
				17	☐
				18	☐
				19	☐
				20	☐
				21	☐
				22	☐
				23	☐
				24	☐
				25	☐
				26	☐
				27	☐
				28	☐
				29	☐
				30	☐
				31	☐

7

8

	主な予定	会議・研修	学校予算	給与・旅費 福 利 厚 生	施設管理
			/	/	/
1 木					
2 金					
3 土					
4 日					
5 月					
6 火					
7 水					
8 木					
9 金					
10 土					
11 日	山の日				
12 月	振替休日				
13 火					
14 水					
15 木					
16 金					
17 土					
18 日					
19 月					
20 火					
21 水					
22 木					
23 金					
24 土					
25 日					
26 月					
27 火					
28 水					
29 木					
30 金					
31 土					

就学支援	共同実施				Monthly To Do
／	／				
				1	☐
				2	☐
				3	☐
				4	☐
				5	☐
				6	☐
				7	☐
				8	☐
				9	☐
				10	☐
				11	☐
				12	☐
				13	☐
				14	☐
				15	☐
				16	☐
				17	☐
				18	☐
				19	☐
				20	☐
				21	☐
				22	☐
				23	☐
				24	☐
				25	☐
				26	☐
				27	☐
				28	☐
				29	☐
				30	☐
				31	☐

8

	9 2024 令和6年 September	会議・研修	学校予算	給与・旅費 福利厚生	施設管理
	主な予定		/	/	/
1 日					
2 月					
3 火					
4 水					
5 木					
6 金					
7 土					
8 日					
9 月					
10 火					
11 水					
12 木					
13 金					
14 土					
15 日					
16 月	敬老の日				
17 火					
18 水					
19 木					
20 金					
21 土					
22 日	秋分の日				
23 月	振替休日				
24 火					
25 水					
26 木					
27 金					
28 土					
29 日					
30 月					

就学支援	共同実施				Monthly To Do
/	/				
				1	☐
				2	☐
				3	☐
				4	☐
				5	☐
				6	☐
				7	☐
				8	☐
				9	☐
				10	☐
				11	☐
				12	☐
				13	☐
				14	☐
				15	☐
				16	☐
				17	☐
				18	☐
				19	☐
				20	☐
				21	☐
				22	☐
				23	☐
				24	☐
				25	☐
				26	☐
				27	☐
				28	☐
				29	☐
				30	☐
					☐

9

10

2024
令和6年
October

	主な予定	会議・研修	学校予算	給与・旅費 福利厚生	施設管理
			/	/	/
1 火					
2 水					
3 木					
4 金					
5 土					
6 日					
7 月					
8 火					
9 水					
10 木					
11 金					
12 土					
13 日					
14 月	スポーツの日				
15 火					
16 水					
17 木					
18 金					
19 土					
20 日					
21 月					
22 火					
23 水					
24 木					
25 金					
26 土					
27 日					
28 月					
29 火					
30 水					
31 木	ハロウィン				

MONTHLY PLAN
月間計画表

就学支援	共同実施				Monthly To Do
/	/				
				1	☐
				2	☐
				3	☐
				4	☐
				5	☐
				6	☐
				7	☐
				8	☐
				9	☐
				10	☐
				11	☐
				12	☐
				13	☐
				14	☐
				15	☐
				16	☐
				17	☐
				18	☐
				19	☐
				20	☐
				21	☐
				22	☐
				23	☐
				24	☐
				25	☐
				26	☐
				27	☐
				28	☐
				29	☐
				30	☐
				31	☐

10

11 2024 令和6年 November

		会議・研修	学校予算	給与・旅費 福利厚生	施設管理
			/	/	/
	主な予定				
1	金				
2	土				
3	日	文化の日			
4	月	振替休日			
5	火				
6	水				
7	木				
8	金				
9	土				
10	日				
11	月				
12	火				
13	水				
14	木				
15	金	七五三			
16	土				
17	日				
18	月				
19	火				
20	水				
21	木				
22	金				
23	土	勤労感謝の日			
24	日				
25	月				
26	火				
27	水				
28	木				
29	金				
30	土				

就学支援	共同実施				Monthly To Do
/	/				
				1	☐
				2	☐
				3	☐
				4	☐
				5	☐
				6	☐
				7	☐
				8	☐
				9	☐
				10	☐
				11	☐
				12	☐
				13	☐
				14	☐
				15	☐
				16	☐
				17	☐
				18	☐
				19	☐
				20	☐
				21	☐
				22	☐
				23	☐
				24	☐
				25	☐
				26	☐
				27	☐
				28	☐
				29	☐
				30	☐
					☐

11

12 2024 令和6年 December

主な予定	会議・研修	学校予算 /	給与・旅費福利厚生 /	施設管理 /
1 日				
2 月				
3 火				
4 水				
5 木				
6 金				
7 土				
8 日				
9 月				
10 火				
11 水				
12 木				
13 金				
14 土				
15 日				
16 月				
17 火				
18 水				
19 木				
20 金				
21 土				
22 日				
23 月				
24 火				
25 水	クリスマス			
26 木				
27 金				
28 土				
29 日				
30 月				
31 火	大晦日			

就学支援	共同実施				Monthly To Do
/	/				
				1	☐
				2	☐
				3	☐
				4	☐
				5	☐
				6	☐
				7	☐
				8	☐
				9	☐
				10	☐
				11	☐
				12	☐
				13	☐
				14	☐
				15	☐
				16	☐
				17	☐
				18	☐
				19	☐
				20	☐
				21	☐
				22	☐
				23	☐
				24	☐
				25	☐
				26	☐
				27	☐
				28	☐
				29	☐
				30	☐
				31	☐

12

1

2025
令和 7 年

January

主な予定	会議・研修	学校予算	給与・旅費 福利厚生	施設管理
		╱	╱	╱
1 水　　　　元日				
2 木				
3 金				
4 土				
5 日				
6 月				
7 火				
8 水				
9 木				
10 金				
11 土				
12 日				
13 月　　成人の日				
14 火				
15 水				
16 木				
17 金				
18 土				
19 日				
20 月				
21 火				
22 水				
23 木				
24 金				
25 土				
26 日				
27 月				
28 火				
29 水				
30 木				
31 金				

就学支援	共同実施				Monthly To Do
／	／				
				1	☐
				2	☐
				3	☐
				4	☐
				5	☐
				6	☐
				7	☐
				8	☐
				9	☐
				10	☐
				11	☐
				12	☐
				13	☐
				14	☐
				15	☐
				16	☐
				17	☐
				18	☐
				19	☐
				20	☐
				21	☐
				22	☐
				23	☐
				24	☐
				25	☐
				26	☐
				27	☐
				28	☐
				29	☐
				30	☐
				31	☐

1

2

主な予定	会議・研修	学校予算	給与・旅費 福利厚生	施設管理
		/	/	/

		会議・研修	学校予算	給与・旅費 福利厚生	施設管理
1 土					
2 日					
3 月					
4 火					
5 水					
6 木					
7 金					
8 土					
9 日					
10 月					
11 火	建国記念の日				
12 水					
13 木					
14 金	バレンタインデー				
15 土					
16 日					
17 月					
18 火					
19 水					
20 木					
21 金					
22 土					
23 日	天皇誕生日				
24 月	振替休日				
25 火					
26 水					
27 木					
28 金					

就学支援	共同実施				Monthly To Do
/	/				
				1	☐
				2	☐
				3	☐
				4	☐
				5	☐
				6	☐
				7	☐
				8	☐
				9	☐
				10	☐
				11	☐
				12	☐
				13	☐
				14	☐
				15	☐
				16	☐
				17	☐
				18	☐
				19	☐
				20	☐
				21	☐
				22	☐
				23	☐
				24	☐
				25	☐
				26	☐
				27	☐
				28	☐
					☐
					☐
					☐

2

3

2025
令和7年

March

	主な予定	会議・研修	学校予算	給与・旅費 福 利 厚 生	施設管理
			／	／	／
1 土					
2 日					
3 月					
4 火					
5 水					
6 木					
7 金					
8 土					
9 日					
10 月					
11 火					
12 水					
13 木					
14 金	ホワイトデー				
15 土					
16 日					
17 月					
18 火					
19 水					
20 木	春分の日				
21 金					
22 土					
23 日					
24 月					
25 火					
26 水					
27 木					
28 金					
29 土					
30 日					
31 月					

就学支援	共同実施				Monthly To Do
/	/				
				1	☐
				2	☐
				3	☐
				4	☐
				5	☐
				6	☐
				7	☐
				8	☐
				9	☐
				10	☐
				11	☐
				12	☐
				13	☐
				14	☐
				15	☐
				16	☐
				17	☐
				18	☐
				19	☐
				20	☐
				21	☐
				22	☐
				23	☐
				24	☐
				25	☐
				26	☐
				27	☐
				28	☐
				29	☐
				30	☐
				31	☐

3

4/1 → 7

	AM		PM
1 月			
2 火			
3 水			
4 木			
5 金			
6 土			
7 日			

【締め切りを守ってもらうひと工夫】
　　事務室への提出書類は締切を守るように、教員同士が互いに声を掛け合うような雰囲気づくり

（K.Iさん）

4

次週に向けて

4/8 → 14

		AM		PM
8 月 ☼ ☁ ☂				
9 火 ☼ ☁ ☂				
10 水 ☼ ☁ ☂				
11 木 ☼ ☁ ☂				
12 金 ☼ ☁ ☂				
13 土 ☼ ☁ ☂				
14 日 ☼ ☁ ☂				

【事務室・職員室の片づけ術】
　棚やロッカー全てに「何の棚」「誰のロッカー」と明示する

(R.U さん)

4

次週に向けて

April

4/15 → 21

AM   PM

15 月		
16 火		
17 水		
18 木		
19 金		
20 土		
21 日		

【締め切りを守ってもらうひと工夫】
　本当の締め切りより数日早い日を伝える

（Y.H さん）

4

次週に向けて

AM　　　　　　PM

22 月

23 火

24 水

25 木

26 金

27 土

28 日

【わが校の事務DX自慢】
　調査モノは校内事務でも事務研関係でも Microsoft Forms で集計をラクラクに♪

（E.K さん）

次週に向けて

29 月 昭和の日

30 火

1 水

2 木

3 金 憲法記念日

4 土 みどりの日

5 日 こどもの日

【事務職員のやりがいを感じるとき】
　突発した学校の課題を事務職員ならではの視点で解決できたとき

（K.I さん）

4/5

次週に向けて

5/6 → 12

	AM		PM
6 ☀ ☁ ☂ 振替休日 月			
7 ☀ ☁ ☂ 火			
8 ☀ ☁ ☂ 水			
9 ☀ ☁ ☂ 木			
10 ☀ ☁ ☂ 金			
11 土 ☀ ☂ ☁			
12 日 ☀ ☂ ☁ 母の日			

（Y.H さん）

5

次週に向けて

AM　　　　　　　　　　　　PM

13 月

14 火

15 水

16 木

17 金

18 土

19 日

【事務室・職員室の片づけ術】

　異動時、紙文書の処分がとても大変だった経験を踏まえて、とにかく紙を増やさない＆減らす。必要ならデータでのみ保管する

（E.K さん）

5

次週に向けて

May

5/20 → 26

AM   PM

20 月

21 火

22 水

23 木

24 金

25 土

26 日

【イチオシのご当地給食】
　コアコアヨーグルト（愛知ヨーク株式会社が販売している飲むヨーグルト）

（R.U さん）

5

次週に向けて

AM   PM

27 月

28 火

29 水

30 木

31 金

1 土

2 日

【わたしの時短術】
　　使えるものはフル活用！事務効率化ソフトしかり、手の空いている人しかり

（S.Hさん）

5/6

次週に向けて

6/3 → 9

AM   PM

3 月

4 火

5 水

6 木

7 金

8 土

9 日

【オススメの事務用品】
　Bluetooth 対応マウス。安いものでも十分、使ってない人は家電量販店へすぐに GO。モニター、画面が２つあると作業効率が上がります

（Y.H さん）

6

次週に向けて

6/10 → 16

AM   PM

10 ☀ ☁ ☔
月

11 ☀ ☁ ☔
火

12 ☀ ☁ ☔
水

13 ☀ ☁ ☔
木

14 ☀ ☁ ☔
金

15 土 ☀ ☁ ☔

16 日 ☀ ☁ ☁ 父の日

【学校事務職員におすすめの本】

筆跡占いの本。先生方からの提出物の字で先生の意外な素顔がわかったりわからなかったり?

(S.H さん)

次週に向けて

	AM		PM	
17 月				
18 火				
19 水				
20 木				
21 金				
22 土				
23 日				

【事務職員のやりがいを感じるとき】
　長年求めていた事務改善が実現したとき

（T.T さん）

6

次週に向けて

		AM		PM
24 月				
25 火				
26 水				
27 木				
28 金				
29 土				
30 日				

　わからないことは詳しい人にすぐ聞く。他の人がわからないことは教えてあげる。持ちつ持たれつ

（T.N さん）

6

次週に向けて

July

7/1 → 7

AM | PM

1 月 ☀ ☁ ☂

2 火 ☀ ☁ ☂

3 水 ☀ ☁ ☂

4 木 ☀ ☁ ☂

5 金 ☀ ☁ ☂

6 土 ☀ ☁ ☂

7 日 ☀ ☁ ☂ 七夕

郵 便 は が き

料金受取人払郵便

神田局承認

2201

差出有効期間
2025年10月
31日まで

１０１-８７９６

５３５

〈受取人〉

東京都千代田区神田神保町1-2-5

学事出版株式会社

「SPノート制作係」行

|||||||||||||||||||||||||||||||||||||||||||||||||||||||||

フリガナ		年　代		男・女
お名前		20代　　30代		その他
		40代　　50代〜		無回答
ご勤務先 学校名		手帳タイプ	A B U P M J	
役職	（※校内でのご担当をすべて○で囲んでください） ●校長／副校長／教頭／主幹教諭 ●教務主任／学年主任／（　　　　　　　）主任 ●学級・HR・特支担任（　　　）年生／専科・教科担当（　　　　　） ●養護教諭／栄養教諭／学校司書／学校事務職員／その他（　　　　　）			
ご住所 （自宅・勤務先） ※必須	〒 ●電話　　　　　（　　　　　） ●Eメールアドレス（　　　　　　　　　　　　　　　　　）			

◆個人情報の取り扱いについて

本ハガキで取得するお客様の個人情報は、①より良い製品づくりの参考②統計をと
る際の資料③関連する新商品・サービス・イベント等のご案内④「お客さまの声」
として匿名でチラシ等で紹介の用途でのみ使用させていただきます。

裏面の期間内にアンケートをお送りいただいた方の中から抽選で合計50名様に、
「別冊・記録ノート」（B5）を贈呈します。発表は発送をもって代えさせていただきます。

「スクールプランニングノート®」2024　アンケート

アンケート実施期間 2024年4月1日〜2024年5月1日（当日消印有効）

「スクールプランニングノート」を本年度のパートナーにお選びいただき、ありがとうございます。今後も改良を重ねていきたいと考えています。ぜひ、今年度版をお使いになった感想等をお聞かせください。

◆アンケート

① 本商品をお使いになって何年目ですか。（数字を○で囲んでください）

1. はじめて　　2. 2年目　　3. 3年目　　4. 4年目　　5. 5年目以上

② 「1. はじめて」と答えた方は、選んだ理由またはきっかけをお聞かせください。

③ 継続してお使いの方は、本年度の改良についての評価をお聞かせください。

④ 本商品にあったらいいと思う資料があればお聞かせください。

⑤ 本商品に対するご意見・ご感想を自由にお聞かせください。

⑥ 学校で仕事をしている中で「ささやかな幸せ」を感じる瞬間はどんな時ですか。（関連書籍企画に匿名で掲載させていただく場合があります。）

ご協力ありがとうございました。

「スクリレ」を活用し、保護者へのお手紙のペーパーレスに

（Y.H さん）

7

次週に向けて

7/8 → 14

	AM		PM

8 月

9 火

10 水

11 木

12 金

13 土

14 日

【事務室・職員室の片づけ術】
　常に整理整頓を心掛ける。1か月使わなかったものは捨てる

（K.Iさん）

7

次週に向けて

		AM		PM
15 ☀ 海の日 月 ☁ 🌧				
16 ☀ 火 ☁ 🌧				
17 ☀ 水 ☁ 🌧				
18 ☀ 木 ☁ 🌧				
19 ☀ 金 ☁ 🌧				
20 土 ☀ ☁ 🌧				
21 日 ☀ 🌧 ☁				

【オススメの事務用品】

カギ型折りたたみナイフ。持ち歩いていつでも段ボールを開梱したり荷造り紐を切ったりできる

(R.U さん)

次週に向けて

July

7/22 → 28

AM　　　　　PM

22 月

23 火

24 水

25 木

26 金

27 土

28 日

【学校事務職員におすすめの本】
　全国危険物安全協会『危険物の保安管理』。2000 リットルなど大きな灯油タンク等がある学校で勤務している方に
おすすめです

(N.I さん)

次週に向けて ━━━━━━━━━━━━━━━━━━━━━━━━━━━━━

AM　　　　　　　　　　　　PM

		AM		PM
29 月				
30 火				
31 水				
1 木				
2 金				
3 土				
4 日				

7/8

次週に向けて

	AM		PM
5 月 ☼ ☁ ☂			
6 火 ☼ ☁ ☂			
7 水 ☼ ☁ ☂			
8 木 ☼ ☁ ☂			
9 金 ☼ ☁ ☂			
10 土 ☼ ☂ ☁			
11 日 ☼ ☁ ☂ 山の日			

【わたしの時短術】
　毎年恒例の提出物などは、長期休業中に先の分もあらかた作っておきます

（R.U さん）

8

次週に向けて

8/12 → 18

	AM		PM	
12 ☀ 振替休日 ☁ 月 ☂				
13 ☀ ☁ 火 ☂				
14 ☀ ☁ 水 ☂				
15 ☀ ☁ 木 ☂				
16 ☀ ☁ 金 ☂				
17 土 ☀ ☂ ☁				
18 日 ☀ ☂ ☁				

【イチオシのご当地給食】
　地域の特産　白桃まるごと１玉

(T.N さん)

8

次週に向けて

August

8/19 → 25

AM　　　　　　　PM

19 月

20 火

21 水

22 木

23 金

24 土

25 日

【オススメの事務用品】
　マックスの「ホッチポン」。ステープラーの芯取りです。芯を取るだけですが侮るなかれ。文書廃棄時に大活躍します
(S.Hさん)

8

次週に向けて

8/26 → 9/1

	AM		PM
26 月			
27 火			
28 水			
29 木			
30 金			
31 土			
1 日			

【わたしの時短術】
　仕事を溜めない。できるときにできることをやっておく

(K.Iさん)

次週に向けて

9/2 → 8

	AM	PM
2 月		
3 火		
4 水		
5 木		
6 金		
7 土		
8 日		

【事務職員のやりがいを感じるとき】
　教委とのやりとりを重ねて整備した備品を子どもたちが楽しそうに活用している場面を見たとき

（T.N さん）

9

次週に向けて ━━━━━━━━━━━━

September

9/9 → 15

AM   PM

9 月

10 火

11 水

12 木

13 金

14 土

15 日

【学校事務職員におすすめの本】

　梶谷美果『これであなたも一発合格！FP3級参考書』（きんざい）。FP試験は学校事務でも必要な知識が問われます

（R.Uさん）

9

次週に向けて

September

9/16 → 22

AM   PM

16 ☀ 敬老の日
月 ☁ 🌧

17 ☀
火 ☁ 🌧

18 ☀
水 ☁ 🌧

19 ☀
木 ☁ 🌧

20 ☀
金 ☁ 🌧

21 土 ☀ 🌧 ☁

22 日 ☀ 🌧 秋分の日 ☁

9

次週に向けて

	AM		PM	
23 月 ☀☁🌧 振替休日				
24 火 ☀☁🌧				
25 水 ☀☁🌧				
26 木 ☀☁🌧				
27 金 ☀☁🌧				
28 土 ☀🌧☁				
29 日 ☀🌧☁				

【事務室・職員室の片づけ術】
　在庫が見やすいように。過剰在庫は「もってけドロボー BOX」に入れておく

（Y.H さん）

9

次週に向けて

September   October

9/30 → 10/6

AM   PM

30 月

1 火

2 水

3 木

4 金

5 土

6 日

【イチオシのご当地給食】
　とくれんプデナーオレンジ80（オレンジゼリーのことです）

（K.Iさん）

9/10

次週に向けて

10/7 → 13

AM | PM

		AM		PM
7 月				
8 火				
9 水				
10 木				
11 金				
12 土				
13 日				

【わが校の事務DX自慢】
　自分で作った欠席遅刻早退フォームの使い勝手が良く、他校からも導入依頼がくることです

(S.H さん)

10

次週に向けて

October

10/14 → 20

AM　　　　　　　　　　PM

14 月 ☀ ☁ ☔ スポーツの日			

15 火 ☀ ☁ ☔			

16 水 ☀ ☁ ☔			

17 木 ☀ ☁ ☔			

18 金 ☀ ☁ ☔			

19 土 ☀ ☁ ☔			

20 日 ☀ ☁ ☔			

10

次週に向けて

10/21 → 27

	AM		PM
21 月			
22 火			
23 水			
24 木			
25 金			
26 土			
27 日			

【事務職員のやりがいを感じるとき】
校内の「異分子」として、学校唯一の行政職員として教員とは異なる視点で行政的に学校運営に参画できること
（E.K さん）

10

次週に向けて

AM   PM

28 ☀
月 ☁
　 ☂

29 ☀
火 ☁
　 ☂

30 ☀
水 ☁
　 ☂

31 ☀ ハロウィン
木 ☁
　 ☂

1 ☀
金 ☁
　 ☂
　 ❄

2 土 ☀ ☂
　 ☁ ❄

3 日 ☀ ☂ 文化の日
　 ☁ ❄

【締め切りを守ってもらうひと工夫】
　余裕のある処理期間を設定し、締め切りを守らない職員には毅然とした対応をする

（T.Tさん）

10/11

次週に向けて

11/4 → 10

	AM		PM

4 月 ☀ ☁ ☂ ❄ 振替休日

5 火 ☀ ☁ ☂ ❄

6 水 ☀ ☁ ☂ ❄

7 木 ☀ ☁ ☂ ❄

8 金 ☀ ☁ ☂ ❄

9 土 ☀ ☁ ☂ ❄

10 日 ☀ ☁ ☂ ❄

11

次週に向けて

November

11/11 → 17

AM   PM

11 月				

12 火				

13 水				

14 木				

15 金 七五三				

16 土				

17 日				

【学校事務職員におすすめの本】
　文部科学省『小学校学習指導要領』『中学校学習指導要領』

（T.Tさん）

11

次週に向けて

11/18 → 24

AM　　　　　　　　　　　PM

18 月 ☀ ☁ ☂ ❄

19 火 ☀ ☁ ☂ ❄

20 水 ☀ ☁ ☂ ❄

21 木 ☀ ☁ ☂ ❄

22 金 ☀ ☁ ☂ ❄

23 土 ☀ ☁ ☁ ❄　勤労感謝の日

24 日 ☀ ☁ ☁ ❄

11

次週に向けて

11 /25 → 12 /1

AM　　　　　　　　　　　　　PM

25 月

26 火

27 水

28 木

29 金

30 土

1 日

【事務職員のやりがいを感じるとき】
　教員、職員みんなが笑顔で会話をしているときです。教員の負担軽減と円滑な関係形成がうまくいくと良かったと感じます

(S.Hさん)

次週に向けて

December

12/2 → 8

AM   PM

2 月

3 火

4 水

5 木

6 金

7 土

8 日

【わが校の事務DX自慢】
　タブレット端末を使用してスプレッドシートで備品整理

（Y.Hさん）

12

次週に向けて

12/9 → 15

		AM		PM
9 月				
10 火				
11 水				
12 木				
13 金				
14 土				
15 日				

【わたしの時短術】
　物品選定時に時間コストも踏まえたコストダウンを行う。時短グッズは多少割高でも試してみる

(N.I さん)

12

次週に向けて

December

12/16 → 22

AM   PM

16 月

17 火

18 水

19 木

20 金

21 土

22 日

【事務室・職員室の片づけ術】

「もったいないボックス」があります。捨てるのはもったいない物を集めることで予算の削減と散らかりの防止の両立
に成功しました

(S.Hさん)

12

次週に向けて

12/23 → 29

AM   PM

23 月			

24 火			

25 水 クリスマス			

26 木			

27 金			

28 土			

29 日			

12

次週に向けて

12/30 → 1/5

	AM		PM

30 ☀️ ☁️ 🌧️ ❄️
月

31 ☀️ ☁️ 🌧️ ❄️ 大晦日
火

1 ☀️ ☁️ 🌧️ ❄️ 元日
水

2 ☀️ ☁️ 🌧️ ❄️
木

3 ☀️ ☁️ 🌧️ ❄️
金

4 土 ☀️ 🌧️ ☁️ ❄️

5 日 ☀️ 🌧️ ☁️ ❄️

12/1

次週に向けて

1/6 → 12

AM   PM

		6 月			
7 火				
8 水				
9 木				
10 金				
11 土				
12 日				

【イチオシのご当地給食】

トリニータ丼。地元のJリーグチームが、大分トリニータと試合をする日の付近で、大分の名物鶏肉とニラを食べて
対戦相手を食ってやろう（倒す）というメニュー

(T.Nさん)

1

次週に向けて

1/13 → 19

AM　　　　　　　　　PM

13 ☀ 成人の日
月 ☁
🌧
❄

14 ☀
火 ☁
🌧
❄

15 ☀
水 ☁
🌧
❄

16 ☀
木 ☁
🌧
❄

17 ☀
金 ☁
🌧
❄

18 土 ☀🌧
☁❄

19 日 ☀🌧
☁❄

【事務職員のやりがいを感じるとき】
　仕事ぶりを褒められたとき

1

次週に向けて

1/20 → 26

AM   PM

20 月				
21 火				
22 水				
23 木				
24 金				
25 土				
26 日				

【わが校の事務DX自慢】
　何かの集約は全て Google フォーム&二次元コードで

(R.U さん)

1

次週に向けて

January   February

1/27 → 2/2

AM   PM

27 月

28 火

29 水

30 木

31 金

1 土

2 日

【オススメの事務用品】
　　三菱鉛筆の「ジェットストリーム 0.38」。書き味抜群なボールペン

（T.N さん）

1/2

次週に向けて

February

2/3 → 9

AM   PM

3 月

4 火

5 水

6 木

7 金

8 土

9 日

【わたしの時短術】
　体力・集中力のある午前中を有効に使う

（T.T さん）

2

次週に向けて

2/10 → 16

AM | PM

10 月
☀ ☁ ☂ ❄

11 火
☀ ☁ ☂ ❄ 建国記念の日

12 水
☀ ☁ ☂ ❄

13 木
☀ ☁ ☂ ❄

14 金
☀ ☁ ☂ ❄ バレンタインデー

15 土
☀ ☂ ☁ ❄

16 日
☀ ☂ ☁ ❄

林律雄作・高井研一郎画『総務部総務課山口六平太』（小学館、1985～2016年）。会社の総務の仕事内容を扱った漫画で、主人公はマネジメントの天才。見えないところで仕事を頑張って結果的に何度も会社の危機を救う。学校事務職員に共通することもたくさん

(N.Iさん)

次週に向けて

2

February

2/17 → 23

AM   PM

17 月 ☀☁☂❄

18 火 ☀☁☂❄

19 水 ☀☁☂❄

20 木 ☀☁☂❄

21 金 ☀☁☂❄

22 土 ☀☁☂❄

23 日 ☀☁☂❄ 天皇誕生日

2

次週に向けて

2/24 → 3/2

AM   PM

		AM		PM
24 月 ☀ ☁ ☂ ❄ 振替休日				
25 火 ☀ ☁ ☂ ❄				
26 水 ☀ ☁ ☂ ❄				
27 木 ☀ ☁ ☂ ❄				
28 金 ☀ ☁ ☂ ❄				
1 土 ☀ ☂ ☁ ❄				
2 日 ☀ ☂ ☁ ❄				

【わたしの時短術】
　ショートカットキーを駆使したり、ちょっとしたことでも VBA でマクロを組んで、来年度以降同じ事務をするときに楽にする

（E.K さん）

次週に向けて

March

3/3 → 9

	AM		PM

3 月

4 火

5 水

6 木

7 金

8 土

9 日

3

次週に向けて

March

3/10 → 16

AM   PM

10 月

11 火

12 水

13 木

14 金　ホワイトデー

15 土

16 日

【オススメの事務用品】
　コクヨの「ドットライナーホールド」。空中で封筒や伝票の糊付けができる

（N.Iさん）

3

次週に向けて ━━━━━━━━━━━━━━━

3/17 → 23

	AM		PM	

17 月

18 火

19 水

20 木　春分の日

21 金

22 土

23 日

3

次週に向けて

3/24 → 30

AM | PM

24 月

25 火

26 水

27 木

28 金

29 土

30 日

【締め切りを守ってもらうひと工夫】
　不在時には置き手紙を A3 サイズの大きなクリップボードに挟んでおく

（N.I さん）

3

次週に向けて

	AM		PM
31 月			
1 火			
2 水			
3 木			
4 金			
5 土			
6 日			

【事務職員のやりがいを感じるとき】
　自分の行った業務が子どもや保護者の笑顔や満足感につながったことを実感したとき

（K.I さん）

3/4

次週に向けて

■購入物品＆教材振り返りメモ

※使い方は 8 ページをご覧ください。

購入日	教科・行事名	物品・教材名	規格・メーカー	数量	単価	金額	購入先
／							

memo				費用対効果 ○ △ ×	来年も買うか ○ △ ×

購入日	教科・行事名	物品・教材名	規格・メーカー	数量	単価	金額	購入先
／							

memo				費用対効果 ○ △ ×	来年も買うか ○ △ ×

| ／ | | | | | | | |
| memo | | | | 費用対効果
○ △ × | 来年も買うか
○ △ × |

| ／ | | | | | | | |
| memo | | | | 費用対効果
○ △ × | 来年も買うか
○ △ × |

| ／ | | | | | | | |
| memo | | | | 費用対効果
○ △ × | 来年も買うか
○ △ × |

| ／ | | | | | | | |
| memo | | | | 費用対効果
○ △ × | 来年も買うか
○ △ × |

| ／ | | | | | | | |
| memo | | | | 費用対効果
○ △ × | 来年も買うか
○ △ × |

| ／ | | | | | | | |
| memo | | | | 費用対効果
○ △ × | 来年も買うか
○ △ × |

| ／ | | | | | | | |
| memo | | | | 費用対効果
○ △ × | 来年も買うか
○ △ × |

購入日	教科・行事名	物品・教材名	規格・メーカー	数量	単価	金額	購入先
／							
memo					費用対効果 ○ △ ×	来年も買うか ○ △ ×	
／							
memo					費用対効果 ○ △ ×	来年も買うか ○ △ ×	
／							
memo					費用対効果 ○ △ ×	来年も買うか ○ △ ×	
／							
memo					費用対効果 ○ △ ×	来年も買うか ○ △ ×	
／							
memo					費用対効果 ○ △ ×	来年も買うか ○ △ ×	
／							
memo					費用対効果 ○ △ ×	来年も買うか ○ △ ×	
／							
memo					費用対効果 ○ △ ×	来年も買うか ○ △ ×	
／							
memo					費用対効果 ○ △ ×	来年も買うか ○ △ ×	
／							
memo					費用対効果 ○ △ ×	来年も買うか ○ △ ×	

購入日	教科・行事名	物品・教材名	規格・メーカー	数量	単価	金額	購入先
／							
memo					費用対効果 ○ △ ×	来年も買うか ○ △ ×	
／							
memo					費用対効果 ○ △ ×	来年も買うか ○ △ ×	
／							
memo					費用対効果 ○ △ ×	来年も買うか ○ △ ×	
／							
memo					費用対効果 ○ △ ×	来年も買うか ○ △ ×	
／							
memo					費用対効果 ○ △ ×	来年も買うか ○ △ ×	
／							
memo					費用対効果 ○ △ ×	来年も買うか ○ △ ×	
／							
memo					費用対効果 ○ △ ×	来年も買うか ○ △ ×	
／							
memo					費用対効果 ○ △ ×	来年も買うか ○ △ ×	
／							
memo					費用対効果 ○ △ ×	来年も買うか ○ △ ×	

購入日	教科・行事名	物品・教材名	規格・メーカー	数量	単価	金額	購入先
／							

memo					費用対効果 ○ △ ×	来年も買うか ○ △ ×

購入日	教科・行事名	物品・教材名	規格・メーカー	数量	単価	金額	購入先
／							

memo					費用対効果 ○ △ ×	来年も買うか ○ △ ×

| ／ | | | | | | | |

| memo | | | | | 費用対効果 ○ △ × | 来年も買うか ○ △ × |

| ／ | | | | | | | |

| memo | | | | | 費用対効果 ○ △ × | 来年も買うか ○ △ × |

| ／ | | | | | | | |

| memo | | | | | 費用対効果 ○ △ × | 来年も買うか ○ △ × |

| ／ | | | | | | | |

| memo | | | | | 費用対効果 ○ △ × | 来年も買うか ○ △ × |

| ／ | | | | | | | |

| memo | | | | | 費用対効果 ○ △ × | 来年も買うか ○ △ × |

| ／ | | | | | | | |

| memo | | | | | 費用対効果 ○ △ × | 来年も買うか ○ △ × |

| ／ | | | | | | | |

| memo | | | | | 費用対効果 ○ △ × | 来年も買うか ○ △ × |

購入日	教科・行事名	物品・教材名	規格・メーカー	数量	単価	金額	購入先
/							
memo						費用対効果 ○ △ ×	来年も買うか ○ △ ×
/							
memo						費用対効果 ○ △ ×	来年も買うか ○ △ ×
/							
memo						費用対効果 ○ △ ×	来年も買うか ○ △ ×
/							
memo						費用対効果 ○ △ ×	来年も買うか ○ △ ×
/							
memo						費用対効果 ○ △ ×	来年も買うか ○ △ ×
/							
memo						費用対効果 ○ △ ×	来年も買うか ○ △ ×
/							
memo						費用対効果 ○ △ ×	来年も買うか ○ △ ×
/							
memo						費用対効果 ○ △ ×	来年も買うか ○ △ ×
/							
memo						費用対効果 ○ △ ×	来年も買うか ○ △ ×

購入日	教科・行事名	物品・教材名	規格・メーカー	数量	単価	金額	購入先
/							

memo	費用対効果 ○ △ ×	来年も買うか ○ △ ×

購入日	教科・行事名	物品・教材名	規格・メーカー	数量	単価	金額	購入先
/							

memo	費用対効果 ○ △ ×	来年も買うか ○ △ ×

/							

memo	費用対効果 ○ △ ×	来年も買うか ○ △ ×

/							

memo	費用対効果 ○ △ ×	来年も買うか ○ △ ×

/							

memo	費用対効果 ○ △ ×	来年も買うか ○ △ ×

/							

memo	費用対効果 ○ △ ×	来年も買うか ○ △ ×

/							

memo	費用対効果 ○ △ ×	来年も買うか ○ △ ×

/							

memo	費用対効果 ○ △ ×	来年も買うか ○ △ ×

/							

memo	費用対効果 ○ △ ×	来年も買うか ○ △ ×

時候のあいさつ

あいさつ
1月 新春の候、初春の候、迎春の候、孟春の候、芳春の候、うららかな初日の光を仰ぎ、穏やかに年が明け、寒さ厳しき折から、冬晴れの空が美しい季節となりました、風花の舞う季節となりました、星も凍るような寒い夜、本格的な寒さとなりました、雪晴れの青空がまぶしい候
2月 立春の候、向春の候、梅花の候、晩冬の候、解氷の候、寒さもそろそろやわらいでまいりました、梅のつぼみもふくらみはじめ、梅花もほころび、梅花の候、梅のつぼみもそろそろふくらむころ、梅の香りが漂う頃となりました、うぐいすの初音に春の訪れを感じるころ、ふきのとうが春を告げる季節となりました
3月 春分の候、早春の候、春色の候、春暖の候、麗日の候、軽暖の候、早春の候、春暖の候、若草萌ゆる候、寒さも緩み、春寒しだいに緩み、日増しに暖かさを増し、つぼみも膨らむころ、桃の蕾もふくらみ、桜前線の待ち遠しい今日この頃、花の便りもあちらこちらから聞こえてきました、野山の花に春を感じる今日この頃
4月 陽春の候、仲春の候、春粧の候、春風の候、春和の候、春日の候、花信の候、春爛漫の候、春暖の候、春もたけなわとなりました、満開の花に心も浮き立つ今日この頃、うららかに春風も心地よい頃、うららかな好季節を迎え、うららかな春日和の頃、花もいつしか過ぎて葉桜の季節、若草もえる季節
5月 新緑の候、薫風の候、晩春の候、青葉の候、立夏の候、若葉の目にしみる候、葉桜の候、向暑の候、季春の候、風薫る今日このごろ、緑も深い青葉のころとなり、風薫る季節を迎え、新緑の色増す季節、五月晴れの好季節となり
6月 初夏の候、向夏の候、長雨の候、向夏の候、夏至の候、麦秋の候、入梅の候、深緑の候、青葉の候、紫陽花の咲く季節になりました、日の光も青く、木々の緑も深みを増して、日ごとに暑さが増す折、紫陽花が雨に映えるこの季節、さわやかな初夏を迎えました
7月 盛夏の候、炎暑の候、大暑の候、真夏の候、向暑の候、仲夏の候、猛暑の候、日ごとに暑さが増してまいりましたが、緑の木陰が心地よい季節になりました、梅雨も明け夏の太陽がまぶしいこの季節、夏空の青さがまぶしいこの頃、暑中お伺い申し上げます
8月 晩夏の候、残暑の候、盛夏の候、新涼の候、立秋の候、秋初の候、秋暑の候、残暑厳しい折、土用あけの暑さは厳しく、残暑きびしい毎日がつづいております、暦の上ではもう秋、空の色もいつしか秋めき、朝夕の風に心地よさを感じる頃
9月 新秋の候、初秋の候、新涼の候、早秋の候、日増しに秋も深まり、すがすがしい秋晴れが続きますが、朝夕はずいぶん涼しくなりました、鈴虫の音が美しいこの頃、こおろぎの声が聞こえる今日この頃、初秋の空の高く爽やかな季節
10月 清秋の候、紅葉の候、仲秋の候、錦秋の候、秋雨の候、爽秋の候、菊花の候、さわやかな好季節、秋気肌にしみ、木々の葉も色づいてまいりました、菊薫る季節となり、秋もようやく深まってまいりました、稲も豊かにみのり
11月 晩秋の候、深秋の候、暮秋の候、落葉の候、季秋の候、立冬の候、向寒の候、初霜の候、初冬の候、秋も深くなり、紅葉の美しい季節となりました、秋も日に日に深くなってまいりました、小春日和の今日この頃、菊薫る今日この頃、冬の気配が近々々と感じられるこの頃、初雪の便りが聞かれる季節となりました
12月 初冬の候、師走の候、寒冷の候、霜夜の候、歳末のみぎり、寒気厳しきおり、ちらちらと粉雪が舞うこの季節、師走の風が身にしみる今日このごろ、ポインセチアの花が目立つ季節となりました、真白な霜柱が立ち寒さが身にしみわたるようです

年齢早見表（2024年）

令和6年（平成36年 昭和99年 大正113年）

生年	年齢	西暦	干支	生年	年齢	西暦	干支	生年	年齢	西暦	干支	生年	年齢	西暦	干支	生年	年齢	西暦	干支
大正12年	101	1923	癸亥	昭和18年	81	1943	癸未	昭和39年	60	1964	甲辰	昭和60年	39	1985	乙丑	平成17年	19	2005	乙酉
13	100	1924	甲子	19	80	1944	甲申	40	59	1965	乙巳	61	38	1986	丙寅	18	18	2006	丙戌
14	99	1925	乙丑	20	79	1945	乙酉	41	58	1966	丙午	62	37	1987	丁卯	19	17	2007	丁亥
15	98	1926	丙寅	21	78	1946	丙戌	42	57	1967	丁未	63	36	1988	戊辰	20	16	2008	戊子
昭和元年	98	1926	丙寅	22	77	1947	丁亥	43	56	1968	戊申	64	35	1989	己巳	21	15	2009	己丑
2	97	1927	丁卯	23	76	1948	戊子	44	55	1969	己酉	平成元年	35	1989	己巳	22	14	2010	庚寅
3	96	1928	戊辰	24	75	1949	己丑	45	54	1970	庚戌	2	34	1990	庚午	23	13	2011	辛卯
4	95	1929	己巳	25	74	1950	庚寅	46	53	1971	辛亥	3	33	1991	辛未	24	12	2012	壬辰
5	94	1930	庚午	26	73	1951	辛卯	47	52	1972	壬子	4	32	1992	壬申	25	11	2013	癸巳
6	93	1931	辛未	27	72	1952	壬辰	48	51	1973	癸丑	5	31	1993	癸酉	26	10	2014	甲午
7	92	1932	壬申	28	71	1953	癸巳	49	50	1974	甲寅	6	30	1994	甲戌	27	9	2015	乙未
8	91	1933	癸酉	29	70	1954	甲午	50	49	1975	乙卯	7	29	1995	乙亥	28	8	2016	丙申
9	90	1934	甲戌	30	69	1955	乙未	51	48	1976	丙辰	8	28	1996	丙子	29	7	2017	丁酉
10	89	1935	乙亥	31	68	1956	丙申	52	47	1977	丁巳	9	27	1997	丁丑	30	6	2018	戊戌
11	88	1936	丙子	32	67	1957	丁酉	53	46	1978	戊午	10	26	1998	戊寅	31	5	2019	己亥
12	87	1937	丁丑	33	66	1958	戊戌	54	45	1979	己未	11	25	1999	己卯	令和元年	5	2019	己亥
13	86	1938	戊寅	34	65	1959	己亥	55	44	1980	庚申	12	24	2000	庚辰	2	4	2020	庚子
14	85	1939	己卯	35	64	1960	庚子	56	43	1981	辛酉	13	23	2001	辛巳	3	3	2021	辛丑
15	84	1940	庚辰	36	63	1961	辛丑	57	42	1982	壬戌	14	22	2002	壬午	4	2	2022	壬寅
16	83	1941	辛巳	37	62	1962	壬寅	58	41	1983	癸亥	15	21	2003	癸未	5	1	2023	癸卯
17	82	1942	壬午	38	61	1963	癸卯	59	40	1984	甲子	16	20	2004	甲申	6	0	2024	甲辰

注）年齢は誕生日以後の満年齢です。
誕生日前の年齢数は上表年齢より1をひいてください。

国民の祝日 2024年度

昭和の日	4月 29日	敬老の日	9月 16日	元日	1月 1日
憲法記念日	5月 3日	秋分の日	9月 22日	成人の日	1月 13日
みどりの日	5月 4日	スポーツの日	10月 14日	建国記念の日	2月 11日
こどもの日	5月 5日	文化の日	11月 3日	天皇誕生日	2月 23日
海の日	7月 15日	勤労感謝の日	11月 23日	春分の日	3月 20日
山の日	8月 11日				

5月6日、8月12日、9月23日、11月4日は振替休日

2月24日は振替休日

二十四節気 2024年度

清明	4月 4日	大暑	7月 22日	立冬	11月 7日	小寒	1月 5日
穀雨	4月 19日	立秋	8月 7日	小雪	11月 22日	大寒	1月 20日
立夏	5月 5日	処暑	8月 22日	大雪	12月 7日	立春	2月 3日
小満	5月 20日	白露	9月 7日	冬至	12月 21日	雨水	2月 18日
芒種	6月 5日	秋分	9月 22日			啓蟄	3月 5日
夏至	6月 21日	寒露	10月 8日			春分	3月 20日
小暑	7月 6日	霜降	10月 23日				

学校事務年間実務カレンダー

※全国の平均的な例です。内容や時期は自治体によって異なります。

4月
- 【人事服務】年度初め人事異動／職員名簿／マイナンバー／諸帳簿作成
- 【給与旅費】採用異動者諸手当／旅費年間計画
- 【福利厚生】共済転入新規／各種検診申込／社会保険
- 【学務】前期用教科書受領、教科書名簿／児童生徒名簿、児童生徒情報
- 【財務】年間執行計画、備品購入計画／前年度予算整理／予算委員会
- 【その他】年度初め各種届、各種年次更新／新学期準備、物品調達／学校徴収金計画／事務部経営案、事務部全体計画

5月
- 【給与旅費】前職者所得確認
- 【学務】学校基本調査
- 【財務】理科教育整備調査

6月
- 【給与旅費】期末勤勉手当処理、支給／児童手当現況報告、同手当処理／住民税確認／赴任旅費確認
- 【その他】プール管理

7月
- 【人事服務】休業中の職員勤務動態
- 【学務】教科書次年度報告／学割証発行

8月
- 【学務】教科書後期用報告
- 【財務】補正予算要求／備品点検
- 【その他】新学期準備／防災訓練準備

9月
- 【学務】次年度児童生徒数調査／後期教科書受領
- 【財務】次年度要求／予算委員会
- 【その他】運動会等準備、物品調達

10月
- 【給与旅費】児童手当処理
- 【福利厚生】退職年金
- 【その他】文化行事等準備、物品調達／新入学説明会準備

11月
- 【給与旅費】期末勤勉処理／年末調整
- 【財務】補正予算要求
- 【その他】暖房器具確認、燃料管理

12月
- 【人事服務】休業中の職員勤務動態
- 【給与旅費】給与改定処理／年末調整(再)
- 【学務】次年度児童生徒数調査
- 【福利厚生】退職職員処理

1月
- 【給与旅費】扶養控除申告書
- 【福利厚生】退職手当
- 【その他】新学期準備

2月
- 【給与旅費】昇給内申／児童手当処理
- 【学務】教科書後期学用報告
- 【財務】補正予算要求
- 【扶助費】新年度申請
- 【その他】卒業式準備、物品調達

3月
- 【人事服務】年度末人事異動処理、異動書類／新年度臨時、非常勤職員任用／服務諸帳簿整理、新年度分作成／休業中の職員勤務動態
- 【給与旅費】人事異動処理
- 【学務】教科書新年度前期用、後期転学用
- 【その他】諸会計整理、決算、監査、報告／新入生人数、教室備品、机イス等確認／校内分掌引継指導／PCシステム年度末移行／指導要録等年度末書類確認／文書廃棄／寄付採納処理

毎月
- 【人事服務】出勤簿等管理
- 【給与旅費】例月給与報告／給与明細確認／非常勤等実績報告／旅費請求、支給／出張確認
- 【学務】児童生徒学級数等報告
- 【給食費】給食費請求、納入、督促
- 【財務】光熱水費電話料処理
- 【扶助費】申請、認定、取消
- 【共同学校事務室】各種業務

随時
- 【人事服務】人事、服務管理／臨時職員任用
- 【給与旅費】諸手当認定／給与データ管理／諸手当事後確認／旅費予算管理
- 【福利厚生】組合員異動／被扶養者事実確認／共済互助会事業／公務災害
- 【学務】児童生徒転出入等処理／学割証発行
- 【給食費】異動報告／口座等集金情報管理
- 【財務】執行、監査処理／備品登録、廃棄
- 【扶助費】支給処理
- 【その他】学校行事準備／施設設備点検、管理、委託

産休育休早見表

出産予定日			産休開始時期の目安（産前6週間の場合）			産休終了時期の目安（産後8週間の場合）		
2024年	8月	上旬	2024年	6月	下旬	2024年	10月	上旬
		中旬		7月	上旬			中旬
		下旬			中旬			下旬
	9月	上旬			下旬		11月	上旬
		中旬		8月	上旬			中旬
		下旬			中旬			下旬
	10月	上旬			下旬		12月	上旬
		中旬		9月	上旬			中旬
		下旬			中旬			下旬
	11月	上旬			下旬	2025年	1月	上旬
		中旬		10月	上旬			中旬
		下旬			中旬			下旬
	12月	上旬			下旬		2月	上旬
		中旬		11月	上旬			中旬
		下旬			中旬			下旬
2025年	1月	上旬			下旬		3月	上旬
		中旬		12月	上旬			中旬
		下旬			中旬			下旬
	2月	上旬			下旬		4月	上旬
		中旬	2025年	1月	上旬			中旬
		下旬			中旬			下旬
	3月	上旬			下旬		5月	上旬
		中旬		2月	上旬			中旬
		下旬			中旬			下旬
	4月	上旬			下旬		6月	上旬
		中旬		3月	上旬			中旬
		下旬			中旬			下旬
	5月	上旬			下旬		7月	上旬
		中旬		4月	上旬			中旬
		下旬			中旬			下旬
	6月	上旬			下旬		8月	上旬
		中旬		5月	上旬			中旬
		下旬			中旬			下旬
	7月	上旬			下旬		9月	上旬
		中旬		6月	上旬			中旬
		下旬			中旬			下旬
	8月	上旬			下旬		10月	上旬
		中旬		7月	上旬			中旬
		下旬			中旬			下旬
	9月	上旬			下旬		11月	上旬
		中旬		8月	上旬			中旬
		下旬			中旬			下旬
	10月	上旬			下旬		12月	上旬
		中旬		9月	上旬			中旬
		下旬			中旬			下旬
	11月	上旬			下旬	2026年	1月	上旬
		中旬		10月	上旬			中旬
		下旬			中旬			下旬
	12月	上旬			下旬		2月	上旬
		中旬		11月	上旬			中旬
		下旬			中旬			下旬

これだけは知っておきたい法令の基礎知識

・学校事務職員は、学校に配属された唯一の行政職員として、学校運営の様々な場面で、法令の解釈・運用に関して指導的役割を発揮することが求められています。
・行政機関の営みは、すべて法令の定めに根拠をもって進められます。特に、学校事務職員の職務分野は、極めて多くの法令が複雑に絡み合って制定されていますので、正確かつ高水準な職務遂行を目指すためには、それらの法令を正しく読み解き、常に法令の根拠を念頭に入れて執務に当たることが大切です。

1、学校教育の基本を定める法令

・**憲法**は基本的人権としての学ぶ権利と普通教育の就学義務、及び義務教育の無償を規定しています。また教育に関することは法律をもって定めることも規定しています。これにより教育基本法や学校教育法など、多数の法律が制定されています。
・**教育基本法**は教育が目指すのは人格の完成であるとして、具体的な目的・目標を掲げています。
・学校教育法第1条が定める学校は「公の性質」を持つものであり、国・自治体・学校法人のみが設置できることや、教育が不当な支配に服することなく行われるものであること、国は教育振興基本計画を策定することなども定めています。
・**学校教育法**は、第1条で定める学校の校種ごとの目的と目標、子どもの就学・修業、学校に置かれる職員、自治体の学校設置義務などを規定しています。本法に規定されない詳細な事項については、本法の委任規定に基づき、内閣、文部科学大臣が法的拘束力のある命令（政令・省令）として定めます。
・事務職員については、幼稚園以外の学校に必置の職員であり、担当する事務をつかさどるものとしていますが、同時に、特別の事情がある時は置かないことができるとも規定しています。
・**学校教育法施行令**は本法の委任に基づいて内閣が制定する命令（政令）です。学齢簿の編成、義務制学校への入学通知と学校の指定、区域外就学の手続き、学校設置の認可手続きなどが規定されています。
・**学校教育法施行規則**は本法の委任に基づいて文部科学大臣が制定する命令（省令）です。学校種別ごとの設置基準、教育課程の編成、指導要録、修了と卒業など学校運営の基本事項を網羅的に規定しています。
・事務長・事務主任の設置に関することなど学校事務の基本に関することがらも規定しています。
・**学習指導要領**は本規則に基づいて文部科学大臣が定める告示であり、省令ではないものの法的拘束力を有するとの最高裁判例があります。

2、教育委員会や学校の管理運営に関する法令

・**地方教育行政の組織及び運営に関する法律**は、教育委員会の組織・運営、自治体首長と教育委員会の職務権限、学校の管理運営、学校職員の任用などの教育行政の基本を定めています。
・また、政令指定都市を除く市町村立学校教職員の任命権者を都道府県教育委員会とすることや、共同学校事務室の設置や室長等の職員に関することなども規定しています。
・共同学校事務室おいて処理する事務については**本法施行令**の定めるところです。
・教育委員会は地方公共団体の一機関であり、学校はその下部機関です。そこで、本法に規定のない地方公共団体としての組織・運営に関する事項については、**地方自治法**の定めに従うことになります。

- なお、本法の規定により都道府県教育委員会が任命権者である市町村立学校教職員の給与は、都道府県が負担することを**市町村立学校職員給与負担法**が定めています。こうした職員は「県費負担教職員」と呼ばれます。そして、県費負担教職員と政令指定都市の教職員の給与は**義務教育費国庫負担法**の定めにより、1/3を国が負担することとなっています。
- **公立義務教育諸学校の学級編制及び教職員定数の標準に関する法律**は、義務制学校の学級編制の標準と教職員定数の標準を定めています。国はこの標準に基づき、義務教育費国庫負担法の定める国庫負担を実施します。ただし、本法の定める定数はあくまでも標準であり、都道府県・政令指定都市は政策的に、職種別の教職員定数や給与の種類、給与額等を決定できることとなっています。これを「総額裁量制」と言います。
- なお、**本法施行令**は、共同学校事務室が設置される場合の定数算定の特例を定めています。

3、人事・給与に関する法令

- 地方公務員である学校職員の任用や服務については**地方公務員法**が定めています。地方公務員は分限・懲戒処分に該当する事由がなければ免職等の不利益処分を受けることはありませんが、職務専念義務や守秘義務などの義務を守ることや政治的行為の制限、労働基本権の制限などを遵守することが求められます。
- なお、地方公務員も勤労者として労働基準法や労働安全衛生法が適用されますが、公務員という性格上、適用されない条文もあり、具体的な非適用条文は地方公務員法が定めています。
- 学校長、教員などの教育公務員については、職務と責任の特殊性に基づいて、教育公務員特例法が制定され、採用方法、兼職兼業の許可、研修などについての特例を定めています。
- また、**公立の義務教育諸学校等の教育職員の給与等に関する特別措置法**は、教育職員には給料月額の4%の「教職調整額」を支給する代わりに時間外手当と休日勤務手当を支給しないこと、教育職員に時間外勤務・休日勤務をさせることができるのは、政令の基準に従って制定される条例の範囲内に限定されることを定めています。本法は2019年12月に改正され、教員の大幅な超過勤務の解消と、働き方改革の推進を目的として、勤務時間を年単位で管理する「変形労働時間制」が導入されました。繁忙な月には、所定の勤務時間を増やし、夏季休業がある8月にその分を減らすなどの制度導入が想定されています。2021年度から自治体の条例改正によって実施可能となりました。
- 勤労者の賃金（給与）やその他の待遇は、労働組合法などの定めに従って、労使の対等関係のもとに団体的な契約で決定されることとなっていますが、地方公務員についてはその勤務の特殊性から、**地方自治法**が定める基準に基づいて任命権者の議会が定める**給与条例**と、それに基づいて任命権者が定める**初任給・昇格・昇給規則**などの諸規則によって決定されます。

4、学校の情報管理に関する法令

- 多くの自治体では、情報の管理は首長の定める**文書（情報）管理規則**や、部局ごとに策定される**文書保存規程**等によって進められてきましたが、自治体が保有する情報は、住民の大切な情報資産として扱うべきものとされるようになり、**個人情報の保護に関する法律**や各自治体が制定する**情報公開条例**によって住民のアクセス権が制度化されています。
- 情報管理法制も国が2009年に**公文書等の管理に関する法律**を制定したことを受けて、近年は多くの自治体で**公文書管理条例**が制定されるに至りました。

- 学校は評価・診断などの個人情報を大量に管理・運用していることや、子どもたちがインターネットなどを利用する学習を進めていることから、情報管理には特に注意を要します。そこで、**学校情報管理規程**などの内部規則を制定する教育委員会も増えています。
- 学校が教育情報のセキュリティポリシーを策定する際は、2017年に文部科学省が発表した「教育情報セキュリティポリシーに関するガイドライン」に従うことが求められますが、同ガイドラインは2021年に、GIGAスクール構想推進のためのICT環境の積極利用と、教育情報資産の活用を推進する観点から、クラウドの利用やタブレットによる自宅学習などに対応した大幅な改定がなされました。
- **学校教育の情報化の推進に関する法律**は、進展著しい情報通信技術を教育活動に生かすとともに、学校事務についても情報通信技術の活用を図ることを求めています。

5、学校財務に関する法令

- 公費会計の基本的事項は、**地方自治法**の「第九章財務」と**地方財政法**の定めるところですが、詳細な事項は、各市町村が制定する**財務諸規則**（予算事務規則・会計事務規則・契約事務規則・物品管理規則など）によって定められます。**学校財務取扱要綱**を定める場合もあります。
- 保護者負担による私費会計の管理・運用を規定する国の法令はありませんが、これを「準公金」として契約・出納管理などの基準を定めたり、**私費会計取扱要綱**を制定する場合もあります。
- 学校給食費等を市町村の公会計（特別会計）で収支・管理する場合は、財務諸規則の定めに従います。
- 学校が公費・私費会計において、業者との間で教材調達の契約を結んだり、保護者との間で教材等の一括調達を請け負う契約を結んだりする場合に規範となる法令は**民法**です。事務職員は民法の総則と債権の両編を常に念頭に入れて契約実務を処理しなければなりません。

6、施設・物品等の管理に関する法令

- **学校教育法**は、学校を設置する時は同法施行規則の規定と、校種別に定められた文部科学省令である**学校設置基準**に従うことを義務づけています。
- 学校の管理権限は**地方自治法**の規定により、本来は設置者である自治体の首長にあります。しかし、学校教育の遅滞なき推進と、児童生徒の安全及び健康の増進を図るため、**地方教育行政の組織および運営に関する法律**は、校舎などの教育財産の管理や施設・設備の整備に関することは教育委員会の事務であると規定しています。その上で、個々の学校ごとの施設管理は、教育委員会の定める**学校管理規則**により、学校長に権限を委任することが通例となっています。
- このほか施設の維持管理にあたっては、**建築基準法や消防法**、**災害対策基本法**などの建築基準や防災を規定する諸法を遵守しなければなりません。

7、教科書給与・就学支援に関する法令

- 義務制学校で使用する教科書は、**義務教育諸学校の教科用図書の無償措置に関する法律**によって、子どもたちに無償で給与されます。
- 子どもたちの義務教育就学を支援する制度には、生活保護の要保護認定者への支援を行う「教育扶助」と、要保護に準ずる程度の経済的困窮を支援する「就学援助」と、特別支援教育就学者を支援する「就学奨

励」の3つがあります。

・教育扶助は、憲法第 25 条が保障する国民の「生存権」を守るための国の事務として**生活保護法**が規定する生活保護の一部です。一方、就学援助と就学奨励は憲法第 26 条が規定する国民が等しく教育を受ける権利を保障するための制度であり、**学校教育法と特別支援学校への就学奨励に関する法律**が根拠となる法律です。**就学困難な児童及び生徒に係る就学奨励についての国の援助に関する法律、学校給食法、学校保健安全法、独立行政法人日本スポーツ振興センター法**などにも就学援助に関する規定があります。

・自治体はこれらの諸法令に従い、**就学援助条例**や**就学援助規則**を制定して事業を実施しなければならないのですが、そうした例規を制定している自治体は未だ少数であり、多くは**就学援助要綱**などの内規で処理する事例が多いようです。

8、その他の法令

・**学校保健安全法**は、子どもと職員の心身の健康を守るため、学校が健康診断等の保健管理を進めるとともに、国が**学校環境衛生基準**を策定することを定めています。　安全にしては、学校が総合的な安全計画と危険等発生時対処要領を策定して危機管理を進めることを求めています。

・**学校給食法**は、学校給食を食育その他の教育目標を達成するための教育活動と位置づけ、学校設置者に給食実施の努力義務を課すとともに、国が**学校給食衛生管理基準**を策定することを定めています。また、本法及び**本法施行令**とそれに基づく文部省通知は、給食材料費以外の諸経費を設置者が負担することを求めていますが、近年、給食材料費についても、全額公費負担する自治体が増加しています。

・**国家賠償法**は、公務員の行為や、国・自治体の施設・設備・物品などの欠陥により他人に被害を与えた時は損害賠償の責めを負うと規定しています。公立学校における教育活動や学校施設・教材等にもこの規定は適用されます。

＜参考サイト＞
・e-Gov 法令検索
https://elaws.e-gov.go.jp/search/elawsSearch/elaws_search/lsg0100/

＜関連書籍＞
『学校事務小六法』学校事務法令研究会（学事出版　2016.8）
『新基本法コンメンタール　教育関係法』荒牧重人ほか（日本評論社　2015.9）
『法令用語辞典　第 10 次改訂版』角田禮次郎ほか（学陽書房　2016.3）
『教育小六法』市川須美子ほか（学陽書房　2019.1）

住所録

	TEL／FAX／E-Mail／MOBILE		ADDRESS
NAME	TEL	MOBILE	〒
	FAX	E-Mail	
勤務先	TEL	MOBILE	〒
	FAX	E-Mail	
NAME	TEL	MOBILE	〒
	FAX	E-Mail	
勤務先	TEL	MOBILE	〒
	FAX	E-Mail	
NAME	TEL	MOBILE	〒
	FAX	E-Mail	
勤務先	TEL	MOBILE	〒
	FAX	E-Mail	
NAME	TEL	MOBILE	〒
	FAX	E-Mail	
勤務先	TEL	MOBILE	〒
	FAX	E-Mail	
NAME	TEL	MOBILE	〒
	FAX	E-Mail	
勤務先	TEL	MOBILE	〒
	FAX	E-Mail	
NAME	TEL	MOBILE	〒
	FAX	E-Mail	
勤務先	TEL	MOBILE	〒
	FAX	E-Mail	

	TEL／FAX／E-Mail／MOBILE		ADDRESS
NAME	TEL	MOBILE	〒
	FAX	E-Mail	
勤務先	TEL	MOBILE	〒
	FAX	E-Mail	
NAME	TEL	MOBILE	〒
	FAX	E-Mail	
勤務先	TEL	MOBILE	〒
	FAX	E-Mail	
NAME	TEL	MOBILE	〒
	FAX	E-Mail	
勤務先	TEL	MOBILE	〒
	FAX	E-Mail	
NAME	TEL	MOBILE	〒
	FAX	E-Mail	
勤務先	TEL	MOBILE	〒
	FAX	E-Mail	
NAME	TEL	MOBILE	〒
	FAX	E-Mail	
勤務先	TEL	MOBILE	〒
	FAX	E-Mail	
NAME	TEL	MOBILE	〒
	FAX	E-Mail	
勤務先	TEL	MOBILE	〒
	FAX	E-Mail